RECUEIL

DES RÉGLEMENTS

CONCERNANT

LES MACHINES A FEU ET LES ÉTABLISSEMENTS

QUI PRÉSENTENT DES DANGERS D'EXPLOSION.

RECUEIL

DES RÉGLEMENTS

CONCERNANT

LES MACHINES A FEU ET LES ÉTABLISSEMENTS

QUI PRÉSENTENT DES DANGERS D'EXPLOSION.

PARIS,

Chez PELICIER, Libraire, Place du Palais-Royal;

ROUEN,

IMPRIMERIE D'EMILE PERIAUX FILS AINÉ,

RUE PERCIÈRE, N° 26.

1826.

Avertissement.

⁕

Depuis quelques années, les pompes à feu se sont singulièrement multipliées en France ; et bientôt ces ingénieuses machines, auxiliaire puissant de l'industrie, et dont un peuple voisin a su tirer un si grand parti, auront tout-à-fait remplacé les manéges, exclusivement employés autrefois dans les ateliers où l'on ne pouvait disposer d'une force hydraulique.

Toutefois, l'établissement des pompes à feu peut être sujet à divers inconvénients pour le voisinage. En certains cas, il n'est pas même exempt de quelque danger. De fâcheuses expé-

ij

riences l'ont démontré; c'est pourquoi le Gouvernement a dû comprendre ces machines dans la nomenclature de celles dont l'emploi est considéré comme incommode ou dangereux, et dont l'établissement ne peut avoir lieu sans une autorisation spéciale.

Le nombre des pompes à feu appartenant à différents systêmes, qui existent aujourd'hui dans le département de la Seine-Inférieure, s'élève à près de cent; et tous les jours encore l'administration reçoit des demandes qui ont pour objet d'obtenir l'autorisation d'en établir de nouvelles. En cet état de choses, il a paru utile, dans l'intérêt des manufacturiers qui emploient, ou se proposent d'employer, la vapeur comme force motrice, et dans celui des propriétaires voisins de leurs établissements, de composer à l'usage des uns et des autres un Recueil des Actes du Gouvernement, et des Réglements particuliers qui déterminent les conditions diverses auxquelles peuvent être autorisées les machines dont il s'agit, selon la cathégorie à laquelle elles appartiennent.

Pour rendre ce Recueil complet, on y a compris, à cause de l'analogie, les Ordonnances royales des 25 juin 1823 et 29 août 1824, relatives, l'une aux fabriques de *poudres et matières détonnantes* ou *fulminantes*; l'autre aux *établissements d'éclairage par le gaz hydrogène*. Il se termine par un avis du Comité consultatif des Arts et Manufactures, sur les moyens dont l'emploi peut être le plus propre à rendre fumivores les pompes à feu.

Ce qui doit particulièrement fixer l'attention des propriétaires d'établissements où la vapeur est employée comme force motrice, ce sont les deux Instructions publiées pour l'exécution de l'Ordonnance royale du 29 octobre 1823, et dont le texte a été fidèlement rapporté, pages 18 et 30; ils ne doivent pas non plus perdre de vue l'arrêté de M. le Préfet de la Seine-Inférieure, du 26 novembre 1825, inséré page 50, qui a déterminé, sous l'approbation du Ministre, les formes à suivre pour obtenir l'autorisation d'établir des machines à vapeur.

RECUEIL

DES RÉGLEMENTS

CONCERNANT

LES MACHINES A FEU ET LES ÉTABLISSEMENTS

QUI PRÉSENTENT DES DANGERS D'EXPLOSION.

———❦———

CHAPITRE Ier.

Des Formalités préalables auxquelles sont soumis les Entrepreneurs d'Etablissements incommodes ou dangereux.

§. Ier.

Décret du 15 octobre 1810.

N_{APOLÉON}, etc.

Sur le rapport de notre Ministre de l'intérieur :

Vu les plaintes portées par différents particuliers contre les manufactures et ateliers dont l'exploitation donne lieu à des exhalaisons insalubres ou incommodes ;

Le rapport fait sur ces établissements par la section de chimie, de la classe des sciences physiques et mathématiques de l'institut ;

Notre Conseil d'état entendu,

Nous avons décrété et décrétons ce qui suit :

Art. Ier. A compter de la publication du présent décret, les manufactures et ateliers qui répandent une odeur insalubre ou incommode, ne pourront être formés sans une permission de l'autorité administrative : ces établissements seront divisés en trois classes.

La première classe comprendra ceux qui doivent être éloignés des habitations particulières ;

La seconde, les manufactures et ateliers dont l'éloignement des habitations n'est pas rigoureusement nécessaire, mais dont il importe néanmoins de ne permettre la formation qu'après avoir acquis la certitude que les opérations qu'on y pratique sont exécutées de manière à ne pas incommoder les propriétaires du voisinage, ni à leur causer des dommages.

Dans la troisième classe, seront placés les établissements qui peuvent rester sans inconvénient auprès des habitations, mais doivent rester soumis à la surveillance de la police.

2. La permission nécessaire pour la formation des manufactures et ateliers compris dans la première classe, sera accordée avec les formalités ci-après, par un décret rendu en notre Conseil d'état.

Celle qu'exigera la mise en activité des établissements compris dans la seconde classe, le sera par les Préfets, sur l'avis des Sous-Préfets.

Les permissions pour l'exploitation des établissements placés dans la dernière classe, seront délivrées par les Sous-préfets, qui prendront préalablement l'avis des Maires (1).

3. La permission pour les manufactures et fabriques de première classe ne sera accordée qu'avec les formalités suivantes :

La demande en autorisation sera présentée au Préfet, et affichée par son ordre dans toutes les communes, à 5 kilomètres de rayon (1 lieue).

Dans ce délai, tout particulier sera admis à présenter ses moyens d'opposition.

Les Maires des communes auront la même faculté.

4. S'il y a des oppositions, le Conseil de préfecture donnera son avis, sauf la décision au Conseil d'état.

5. S'il n'y a pas d'opposition, la permission sera accordée, s'il y a lieu, sur l'avis du Préfet et le rapport de notre Ministre de l'intérieur.

6. S'il s'agit de fabriques de soude, ou si la fabrique doit être établie dans la ligne des douanes, notre Directeur général des douanes sera consulté.

---

(1) En comparant cette rédaction avec celle du premier paragraphe de l'article 8, on peut remarquer une sorte de contradiction, ou plutôt une inconséquence de principes que l'article 3 de l'ordonnance royale du 14 janvier 1815, dont le texte est rapporté ci-après, a eu pour but de faire disparaître.

1 *

7. L'autorisation de former des manufactures et ateliers compris dans la seconde classe, ne sera accordée qu'après que les formalités suivantes auront été remplies.

L'entrepreneur adressera d'abord sa demande au Sous-préfet de son arrondissement, qui la transmettra au Maire de la commune dans laquelle on projette de former l'établissement, en le chargeant de procéder à des informations de *commodo* et *incommodo*. Ces informations terminées, le Sous-préfet prendra sur le tout un arrêté qu'il transmettra au Préfet. Celui-ci statuera, sauf le recours à notre Conseil d'état par toutes parties intéressées.

S'il y a opposition, il y sera statué par le Conseil de préfecture, sauf le recours au Conseil d'état (1).

---

(1) Voici de quelle manière avait été en général interprété cet article depuis la promulgation du décret du 15 octobre 1810. Avant de statuer sur les demandes ayant pour but d'obtenir l'autorisation de former un établissement de seconde classe, le Préfet déférait au Conseil de préfecture les oppositions dont elles avaient été l'objet. Le Conseil s'étant prononcé, le Préfet accordait ou refusait, selon les cas, l'autorisation demandée.

Plusieurs ordonnances royales en date des 10 septembre et 25 décembre 1823, 14 janvier et 30 juin 1824, 27 avril, 11 mai et 13 juillet 1825, dont on peut consulter le texte dans le recueil des arrêts du Conseil, par *Macarel*, ont établi une jurisprudence différente. Le Préfet doit d'abord statuer; après quoi, si l'autorisation qu'il a accordée donne

8. Les manufactures et ateliers ou établissements portés dans la troisième classe, ne pourront se former que sur la permission du Préfet de police à Paris, et sur celle du Maire dans les autres villes.

S'il s'élève des réclamations contre la décision prise par le Préfet de police ou les Maires, sur une demande en formation de manufacture ou d'atelier compris dans la troisième classe, elles seront jugées au Conseil de préfecture.

9. L'autorité locale indiquera le lieu où les manufactures et ateliers compris dans là première classe pourront s'établir, et exprimera sa distance des habitations particulières. Tout individu qui ferait des constructions dans le voisinage de ces manufactures et ateliers, après que la formation en aura été permise, ne sera plus admis à en solliciter l'éloignement.

10. La division en trois classes des établissements qui répandent une odeur insalubre ou incommode, aura lieu conformément au tableau annexé au présent décret. Elle servira de règle, toutes les

---

lieu à quelques oppositions, le Conseil de Préfecture juge si elles sont ou ne sont pas fondées. Ainsi les Conseils de Préfecture peuvent, en pareille matière, annuler implicitement les arrêtés des Préfets. Cette conséquence donne matière à beaucoup de réflexions.

fois qu'il sera question de prononcer sur des demandes en formation de ces établissements.

11. Les dispositions du présent décret n'auront
point d'effet rétroactif: en conséquence, tous les
établissements qui sont aujourd'hui en activité,
continueront à être exploités librement, sauf les
dommages dont pourront être passibles les entrepreneurs de ceux qui préjudicient aux propriétés
de leurs voisins; les dommages seront arbitrés par
les tribunaux.

12. Toutefois, en cas de graves inconvénients
pour la salubrité publique, la culture, ou l'intérêt
général, les fabriques et ateliers de première classe
qui les causent pourront être supprimés, en vertu
d'un décret rendu en notre Conseil d'état, après
avoir entendu la police locale, pris l'avis des
Préfets, reçu la défense des manufacturiers ou
fabricants.

13. Les établissements maintenus par l'article
11 cesseront de jouir de cet avantage, dès qu'ils
seront transférés dans un autre emplacement, ou
qu'il y aura une interruption de six mois dans leurs
travaux. Dans l'un et l'autre cas, ils rentreront
dans la catégorie des établissements à former, et
ils ne pourront être remis en activité qu'après
avoir obtenu, s'il y a lieu, une nouvelle permission.

14. Nos Ministres de l'intérieur et de la police
générale sont chargés, chacun en ce qui le con-

cerne, de l'exécution du présent décret, qui sera
inséré au Bulletin des lois.

§ 2.

Ordonnance du Roi, du 14 janvier 1815.

Louis, etc.

Sur le rapport de notre Ministre Secrétaire-
d'État de l'intérieur ;

Vu le décret du 15 octobre 1810, qui divise en
trois classes les établissements insalubres ou incommodes, dont la formation ne peut avoir lieu qu'en
vertu d'une permission de l'autorité administrative ;

Le tableau de ces établissements qui y est
annexé ;

L'état supplémentaire arrêté par le Ministre de
l'intérieur, le 22 novembre 1811 ;

Les demandes adressées par plusieurs Préfets,
à l'effet de savoir si les permissions nécessaires pour
la formation des établissements compris dans la
troisième classe, seront délivrées par les Sous-Préfets ou par les Maires ;

Notre Conseil d'État entendu,

Nous avons ordonné et ordonnons ce qui suit :

Art. 1er. A compter de ce jour, la nomencla-
clature jointe à la présente ordonnance, servira
seule de règle pour la formation des établissements répandant une odeur insalubre ou incommode.

2. Le procès-verbal de formation de *commodo*

et *incommodo*, exigé par l'article 7 du décret du 15 octobre 1810, pour la formation des établissements compris dans la seconde classe de la nomenclature, sera pareillement exigible, en outre de l'affiche de demande, pour la formation de ceux compris dans la première classe.

Il n'est rien innové aux autres dispositions de ce décret.

3. Les permissions nécessaires pour la formation des établissements compris dans la troisième classe seront délivrées, dans les départements, conformément aux articles 2 et 8 du décret du 15 octobre 1810, par les Sous-Préfets, après avoir pris préalablement l'avis des maires et de la police locale.

4. Les attributions données aux Préfets et aux Sous-préfets par le décret du 15 octobre 1810, relativement à la formation des établissements répandant une odeur insaluble ou incommode, seront exercées par notre Directeur général de la police dans toute l'étendue du département de la Seine, et dans les communes de Saint-Cloud, de Meudon et de Sèvres, du département de Seine-et-Oise.

5. Les Préfets sont autorisés à faire suspendre la formation ou l'exercice des établissements nouveaux qui, n'ayant pu être compris dans la nomenclature précitée, seraient cependant de nature à y être placés. Ils pourront accorder l'autorisation d'éta-

blissement pour tous ceux qu'ils jugeront devoir
appartenir aux deux dernières classes de la nomenclature, en remplissant les formalités prescrites
par le décret du 15 octobre 1810, sauf, dans les
deux cas, à en rendre compte à notre Directeur
général des manufactures et du commerce.

6. Notre Ministre secrétaire d'État de l'intérieur
est chargé de l'exécution de la présente Ordonnance (1).

CHAPITRE II.

*Des Fabriques de Poudres ou Matières déton-
nantes et fulminantes.*

Ordonnance royale du 25 juin 1823.

Louis, etc.

Sur le rapport de notre Ministre Secrétaire-
d'État au département de l'intérieur;

---

(1) La nomenclature dont il est fait mention en l'article 1er
de cette ordonnance, présente les établissements auxquels
elle s'applique, divisés en trois classes. Dans la troisième, sont
rangées, sous le n° 35, les *pompes à feu brûlant leur fumée ;*
et dans la première, sous le n° 34, les *pompes à feu ne brûlant pas leur fumée ;* celles-ci ont été reportées implicitement
dans la deuxième classe, par l'ordonnance royale du 29
octobre 1823. Voir l'article 1er de cette ordonnance, p. 14.

Voulant prévenir les dangers qui peuvent résulter de la fabrication et du débit des différentes sortes de poudres et matières détonnantes et fulminantes, sans empêcher néanmoins l'emploi de celles de ces préparations qui ont été reconnues propres, soit à amorcer des armes à feu, soit à faire des étoupilles, des allumettes ou autres objets du même genre utiles aux arts;

Notre conseil d'état entendu,

Nous avons ordonné et ordonnons ce qui suit :

ART. 1er. Les fabriques de poudres ou matières détonnantes et fulminantes, de quelque nature qu'elles soient, et les fabriques d'allumettes, d'étoupilles ou autres objets du même genre, préparés avec ces sortes de poudres ou matières, feront partie de la première classe des établissements insalubres ou incommodes, dont la nomenclature est annexée à notre ordonnance du 14 janvier 1815 (1).

____

(1) Les dispositions de cet article ne s'appliquent point aux *poudrières* proprement dites, parce qu'il est de principe que les établissements qui intéressent la défense ou la sûreté de l'état, ne peuvent devenir l'objet d'une opposition par la voie contentieuse (ordonnance royale du 20 novembre 1822. -- *Macarel*, Recueil des arrêts du Conseil, tom. 4, page 392). Dans ce cas, les voisins ont droit seulement à réclamer une indemnité, qui est calculée en raison du préjudice que leur cause la proximité d'un établissement de cette nature.

(11)

2. Les Préfets sont autorisés, conformément à
l'article 5 de notre ordonnance précitée (1) , à faire
suspendre l'exploitation des fabriques désignées
dans l'article 1er, qui auraient été établies jusqu'à
ce jour dans des emplacements non isolés des habitations.

3. Les fabricants de poudres ou matières détonnantes et fulminantes, tiendront un registre légale-
ment coté et paraphé, sur lequel ils inscriront,
jour par jour, de suite et sans aucun blanc, les
quantités fabriquées et vendues, ainsi que les
noms, qualités et demeures des personnes auxquelles ils les auront livrées.

4. Les fabricants d'allumettes, étoupilles et autres
objets de la même espèce, préparés avec des poudres ou matières détonnantes et fulminantes, tiendront également un registre en bonne forme, sur
lequel ils inscriront, au fur et à mesure de chaque
achat, le nom et la demeure des fabricants qui leur
auront vendu lesdites poudres ou matières.

5. Les marchands détaillants d'amorces pour les
armes à feu à piston, et les marchands détaillants
d'allumettes, d'étoupilles ou autres objets du même
genre, préparés avec des poudres détonnantes et
fulminantes, ne sont point soumis aux formalités
prescrites par l'article 1er; mais ils seront tenus
de renfermer ces différentes préparations dans des
lieux sûrs et séparés dont ils auront seuls la clef.

____

(1) Consulter cet article, page 8.

Il leur est défendu de se livrer à ce commerce sans en avoir préalablement fait leur déclaration par écrit; savoir: dans Paris, à la préfecture de police, et dans les autres communes, à la mairie, afin qu'il soit vérifié si leur local est convenablement disposé pour cet usage (1).

6. Les poudres et matières détonnantes et fulminantes ne pourront être employées qu'à la fabrication des amorces propres aux armes à feu, des allumettes, des étoupilles et autres objets d'une utilité reconnue.

7. Les contrevenants aux dispositions prescrites par la présente ordonnance, seront poursuivis devant les tribunaux de police sur les procès-ver-

---

(1) Il convient que les maires fassent procéder à la visite des localités affectées au dépôt des préparations mentionnées en cet article. La visite doit être faite avec l'assistance d'un architecte ou expert-maçon, qui indique *par écrit* le système des constructions ou distributions que commanderait la prudence. Cette indication sera notifiée au dépositaire des préparations susdites, avec injonction de s'y conformer, et de ne faire usage du local, ainsi disposé, qu'après qu'il aura été vérifié, par une nouvelle visite, que les précautions prescrites ont été observées. Toutes contraventions doivent être constatées par procès-verbal, et déférées aux tribunaux de simple police.

Les maires agissent, en semblable circonstance, en vertu du paragraphe 5 de l'article 3 du titre 11 de la loi du 15 — 24 août 1790.

baux, ou rapports des agents de police administrative et judiciaire.

8. Notre ministre et secrétaire d'état, au département de l'intérieur, est chargé de l'exécution de la présente ordonnance, qui sera insérée au Bulletin des lois.

CHAPITRE III.

Des Machines à feu (1) à haute pression.

§ 1er.

Ordonnance du Roi, du 29 octobre 1825

Louis, etc.

Sur le rapport de notre Ministre Secrétaire d'État au département de l'intérieur,

---

(1) Il a été publié en mai 1825, par ordre de S. Exc. le Ministre de l'intérieur, une nouvelle nomenclature, divisée aussi en trois classes, des établissements incommodes, insalubres ou dangereux. Les modifications qu'avaient apportées différentes ordonnances royales, à la nomenclature précédente, rendaient cette publicité nécessaire.

D'après cette nouvelle nomenclature, les pompes à feu, *à basse pression et non-fumivores*, sont rangées dans la seconde classe ; et les pompes à feu *à basse pression et fumivores*, dans la troisième. Toutefois, une annotation correspondante à ces dernières machines, indique que jusqu'à présent elles ne brûlent point leur fumée d'une manière complette.

Cette observation donne lieu à la question suivante : *Quelle*

Notre Conseil d'état entendu,

Nous avons ordonné et ordonnons ce qui suit :

ART. 1er. Les machines à feu à haute pression, ou celles dans lesquelles la force élastique de la vapeur fait équilibre à plus de deux atmosphères, lors même qu'elles brûleraient complètement leur fumée, ne pourront être établies qu'en vertu d'une autorisation obtenue conformément au décret du 15 octobre 1810, pour les établissements de deuxième classe.

Elles seront, en outre, soumises aux conditions de sûreté suivantes :

2. Lors de la demande en autorisation, les chefs d'établissements seront tenus de déclarer à quel degré de pression habituelle leurs machines devront agir.

Ils ne pourront dépasser le degré de pression déclaré par eux.

---

est la quantité de fumée que doit laisser échapper dans un temps donné, une pompe à feu, pour être rangée dans la troisième classe ; et quel est le systéme de construction qui doit être imposé en conséquence ? On trouvera dans le chapitre ci-après, quelques réflexions qui peuvent conduire à la solution de cette question.

Quoiqu'il en soit, on voit que l'établissement des pompes à feu *à basse pression fumivores* ou *non-fumivores*, n'est soumis à d'autres formalités préalables, que celles qui résultent du décret du 15 octobre 1810, et de l'ordonnance royale du 14 janvier 1815.

La pression sera évaluée en unités d'atmosphères ou en kilogrammes, par centimètre carré de
surface exposé à la pression de la vapeur.

3. Les chaudières des machines à haute pression ne pourront être mises dans le commerce,
ni employées dans un établissement, sans que,
préalablement, leur force ait été soumise à l'épreuve de la presse hydraulique.

Toute chaudière devra subir une pression d'é-
preuve cinq fois plus forte que celle qu'elle est
appelée à supporter dans l'exercice habituel de la
machine à laquelle elle est destinée.

Après l'épreuve, et pour en constater le résultat,
chaque chaudière sera frappée d'une marque indiquant, en chiffres, le degré de pression pour lequel elle aura été construite.

Les chefs d'établissements ne pourront faire
emploi d'une chaudière qu'autant qu'elle sera mar-
quée d'un chiffre exprimant au moins une force
égale au degré de pression annoncé dans leur
déclaration.

4. Il sera adapté deux soupapes, une à chaque
extrémité de la partie supérieure de chaque chaudière. Leur dimension et leur charge seront éga-
les, et devront être réglées, tant sur la grandeur
de la chaudière que sur le degré de pression
porté sur son numéro de marque, de telle sorte
toutefois que le jeu d'une seule des soupapes suffise

au dégagement de la vapeur, dans le cas où elle acquerrait une trop grande tension.

La première soupape restera à la disposition de l'ouvrier qui dirige le chauffage ou le jeu de la machine.

La seconde soupape devra être hors de son atteinte, et recouverte d'une grille dont la clef restera à la disposition du chef de l'établissement.

5. Il sera en outre adapté à la partie supérieure de chaque chaudière deux rondelles métalliques, fusibles aux degrés ci-après déterminés.

La première, d'un diamètre au moins égal à celui d'une des soupapes, sera faite en métal dont l'alliage soit de nature à se fondre ou à se ramollir suffisamment pour s'ouvrir à un degré de chaleur supérieur de dix degrés centigrades au degré de chaleur représenté par la marque que doit porter la chaudière.

La seconde, d'un diamètre double de celui ci-dessus, sera placée près de la soupape de sûreté, et enfermée sous la même grille. Elle sera faite en métal, dont l'alliage soit de nature à se fondre ou à se ramollir suffisamment pour s'ouvrir à un degré de chaleur supérieur, de vingt degrés centigrades à celui que représente la marque de la chaudière.

Ces rondelles seront timbrées d'une marque annonçant en chiffres le degré de chaleur auquel elles sont fusibles.

6. Une chaudière ne pourra être placée que dans un local d'une dimension au moins égale à vingt-sept fois son cube.

Ce local devra être éclairé au moins sur deux de ses côtés, par de larges baies de croisées fermées de châssis légers et ouvrant en-dehors. Il ne pourra être contigu aux murs mitoyens avec les maisons voisines, et devra toujours être séparé, à la distance de deux mètres, par un mur d'un mètre d'épaisseur au moins. Il devra aussi être séparé par un mur de même épaisseur de tout atelier intérieur. Il ne pourra exister d'habitation ni d'atelier au-dessus de ce local.

7. Les ingénieurs des mines, dans les départements où ils sont en résidence, et, à leur défaut, les ingénieurs des ponts et chaussées, sont chargés de surveiller les épreuves des chaudières et des rondelles métalliques. Ils les frapperont des marques dont les timbres leur seront remis à cet effet.

Lesdits ingénieurs s'assureront, dans leurs tournées, au moins une fois par an, que toutes les conditions prescrites sont rigoureusement observées. Ils visiteront les chaudières, constateront leur état, et provoqueront la réforme de celles que le long usage ou une détérioration accidentelle leur ferait regarder comme dangereuses.

Les autorités chargées de la police locale exerceront une surveillance habituelle sur les établissements pourvus de machines à haute pression.

En cas de contraventions aux dispositions de la présente ordonnance , les chefs d'établissements pourront encourir l'interdiction de leur établissement, sans préjudice des peines, dommages et intérêts qui seraient prononcés par les tribunaux.

8. Notre Ministre Secrétaire d'état au département de l'intérieur, fera publier une instruction sur les mesures de précaution habituelles à observer dans l'emploi des machines à haute pression.

Cette instruction sera affichée dans l'enceinte des ateliers.

9. Notre Ministre Secrétaire d'état au département de l'intérieur est chargé de l'exécution de la présente ordonnance, qui sera insérée au Bulletin des lois.

§ 2.

Première Instruction sur les Mesures de précautions habituelles à observer dans l'emploi des Machines à vapeur à haute pression.

L'emploi des machines à vapeur *à haute pression* exige des précautions de tous les instans, de la part des Ouvriers chauffeurs auxquels leur service est confié, et une surveillance constante de la part des Propriétaires de ces machines. En négligeant les précautions nécessaires, les Ouvriers peuvent occasionner des accidens funestes, dont ils seraient les premières victimes. En se relâchant de la surveillance qui est indispensable, les Propriétaires deviendraient la cause indirecte de ces accidens; ils s'exposeraient d'ailleurs à des pertes considérables, telles que celles qui résulteraient de la destruction des machines, de la dégradation des ateliers et de la cessation des travaux.

Il est du devoir de tout Propriétaire de ne confier la conduite de sa machine qu'à un Ouvrier dont l'intelligence et la capacité soient bien reconnues, et qui soit non—seulement attentif, actif, propre et sobre, mais encore exempt de tout défaut qui pourrait nuire à la régularité du service. Rien ne doit déranger cette régularité, rien ne doit troubler ou détourner l'attention de l'Ouvrier pendant le travail ; autrement il ne peut y avoir de sécurité dans l'établissement.

L'attention de l'Ouvrier chauffeur et la surveillance du Propriétaire doivent porter principalement sur les parties suivantes de la machine; savoir: le foyer, la chaudière et les tubes bouilleurs, la pompe aliméntaire et le niveau de l'eau dans la chaudière, les soupapes de sûreté, le manomètre. Il y a aussi quelques précautions à prendre relativement à l'enceinte extérieure.

Du Foyer.

Le principe d'après lequel on doit diriger le chauffage, est d'éviter une augmentation de chaleur trop brusque ou un refroidissement trop rapide. Dans l'un et l'autre cas, les tubes bouilleurs éprouvent partiellement des inégalités de température plus ou moins considérables , et qui , à raison de la variété des dilatations produites, peuvent occasionner des félures et des pertes.

Ainsi donc la mise en feu ne doit pas être poussée avec trop de vivacité , sur-tout lorsque le foyer a été tout-à-fait refroidi. On ne gagnerait du temps qu'en compromettant la conservation des tubes bouilleurs.

Lorsque le feu est arrivé au point d'activité nécessaire pour le jeu de la machine, on doit le conduire avec égalité , et à cet effet, tiser à propos et ne jeter que les quantités de combustible déterminées par l'expérience. Il faut éviter de laisser tomber le feu pendant le travail; et lorsque cela est arrivé, il n'est point convenable de projeter à-la-fois une trop grande quantité de combustible dans le foyer, car cette précipitation, qui aurait d'abord l'inconvénient de le refroidir momentanément, occasionnerait ensuite un développement de chaleur excessif et dangereux.

Il est à propos d'exécuter dans le moins de temps possible les opérations du tisage et du rechargement de combustible , afin d'abréger l'action destructive que l'air froid peut exercer sur les tubes bouilleurs , en s'introduisant avec rapidité par l'ouverture de la porte du foyer.

On est dispensé de la plupart de ces précautions lorsque le foyer est muni d'un distributeur mécanique versant la houille au feu , et à mesure qu'elle est nécessaire ; mais alors l'Ouvrier doit veiller à ce que ce distributeur ne manque pas d'aliment , et à ce que le versement soit uniforme et continu.

L'extinction du feu, lorsqu'elle n'est point conduite avec soin, est une des causes les plus ordinaires des accidens qui arrivent aux tubes bouilleurs. Le meilleur mode est de laisser le foyer chargé du résidu de la combustion, de fermer le registre de la cheminée ainsi que la porte du cendrier , et de luter avec un peu de terre grasse les joints de cette porte et ceux de la porte du foyer. En procédant ainsi , on évite non-seulement que l'air ne refroidisse trop brusquement les tubes , mais encore qu'il ne contribue à oxider trop promptement leur surface extérieure. On profite de plus d'une partie du résidu de la combustion; car ce résidu finit par s'éteindre à raison du défaut d'air, et l'on peut ensuite le retirer sans inconvénient.

Des Tubes bouilleurs et de la Chaudière.

Quelque pure que paraisse l'eau qu'on emploie , elle dépose toujours un sédiment terreux qu'il importe de ne pas laisser accumuler. En effet, ce sédiment se durcirait et s'épaissirait en peu de temps ; il augmenterait la difficulté de faire pénétrer dans les tubes bouilleurs et dans la chaudière la chaleur qui est nécessaire pour produire la vapeur avec le degré de tension convenable. Il faudrait faire un plus grand feu; il en résulterait par conséquent plus de dépense de combustible et plus de chances d'altération ou de rupture.

L'expérience a démontré qu'en introduisant dans les tubes bouilleurs et dans la chaudière une certaine quantité de pommes de terre, la substance de ces pommes de terre se mêle avec les sédimens terreux, sous forme de bouillie, et en prévient l'endurcisse-ment; mais à mesure que les sédimens augmentent, cette bouillie nuit à la production de la vapeur, soit par sa viscosité, soit par l'espace qu'elle occupe. Il vient un terme où l'enlèvement des dépôts devient indispensable; ce terme arrive plus ou moins fréquem-ment suivant la nature des eaux. C'est au Propriétaire de chaque machine à chercher par l'expérience le période de temps le plus convenable pour le nettoyage, comme aussi de trouver le *minimum* de la quantité de pommes de terre qui doit être employé. Ces recher-ches ne tiennent pas seulement aux soins de la sûre-té, mais encore à des considérations d'économie relativement à la facile production de la vapeur.

Lorsque, malgré toutes les précautions, un tube bouilleur vient à se fendre, l'Ouvrier doit en avertir le Propriétaire, et celui-ci ne doit pas hésiter à faire procéder au remplacement. Le rhabillage du tube ne ferait que masquer l'inconvénient, et le danger d'une rupture pourrait s'accroître en très-peu de temps.

Le Propriétaire et l'Ouvrier doivent observer avec

attention les progrès de la détérioration superficielle que les tubes bouilleurs éprouvent à la longue ; ceux sur-tout qui sont fabriqués en tôle. Ils ne doiventpas attendre la visite de l'Ingénieur pour provoquer de nouvelles épreuves de ces tubes, lorsque leur amincissement peut donner des doutes sur leur solidité.

Il en est de même des chaudières; mais comme les moyens d'observation sont moins multipliés, l'Ouvrier et le Propriétaire doivent saisir toutes les occasions de constater l'état des choses, soit lorsqu'il faut changer un ou plusieurs tubes bouilleurs, soit lorsqu'il y a des réparations à faire au foyer ou à la chemise de la chaudière, soit enfin toutes les fois qu'il est nécessaire de vider la chaudière pour la nettoyer. Mais, en outre, aucune des indications que les moindres suintemens peuvent donner, ne doit être négligée.

Lorsqu'on s'aperçoit d'une fuite à la jointure du plateau qui ferme un tube bouilleur ou à celui qui recouvre l'entrée de la chaudière, on ne doit point essayer d'y pourvoir pendant le travail en serrant les écrous : on courrait le risque d'occasionner la rupture de ces plateaux, sur-tout lorsque le mastic qui garnit les bordures a eu le temps de s'endurcir : en cas de rupture, l'Ouvrier serait tué par les éclats ou brûlé par l'eau et la vapeur. Ces sortes de fuites ne doivent être réparées que lorsque le travail a cessé.

Lorsque les tubes bouilleurs et la chaudière sont à nettoyer, les Propriétaires ne doivent pas exiger

que les Ouvriers entreprennent de vider l'eau avant
que sa température soit suffisamment abaissée, sur-
tout pour les machines dans lesquelles les plateaux des
tubes bouilleurs ne sont point garnis de robinets.

De la Pompe alimentaire et du Niveau de l'eau dans la Chaudière.

Il est de la plus grande importance que l'eau de la
chaudière soit maintenue au niveau qui est indiqué
par la position horizontale du levier mu par le flotteur. Il ne faut pas que l'Ouvrier s'en rapporte à la
simple inspection du levier pour connaître la hauteur
de l'eau dans la chaudière : il doit s'assurer très-sou-
vent que les mouvemens du flotteur sont parfaitement
libres. Il doit veiller sur-tout à ce que la garniture
qui empêche la vapeur de s'échapper le long de la
tige du flotteur, ne serre pas trop cette tige ; car,
si cela arrivait, les indications données par le flotteur
cesseraient d'être exactes.

Ces dernières précautions sont également nécessaires pour les machines dans lesquelles les mouvemens d'abaissement du flotteur font ouvrir le tuyau
nourricier, et portent ainsi le remède convenable à
la diminution de l'eau dans la chaudière.

La surveillance de la pompe alimentaire n'est pas
moins indispensable : si, par suite de négligence, la
hauteur de l'eau avait très-notablement diminué dans
la chaudière, il faudrait, aussitôt qu'on s'en aperce-

vrait, rétablir ou augmenter peu-à-peu le jet nourricier; car autrement on s'exposerait à des accidens.
En effet, l'eau, en s'élevant rapidement contre les
parois de la chaudière, que la chaleur aurait rougies,
fournirait instantanément une trop grande quantité de
vapeur, et il serait possible que l'accroissement de
pression qui en résulterait fût supérieur à la pression
que la chaudière pourrait supporter. Le danger de
l'explosion serait imminent, si, dans une telle circonstance, les soupapes de sûreté n'étaient point en état
de jouer librement, ou si, par suite d'une pratique
imprudente ou coupable, elles se trouvaient surchargées de poids.

En général, le moindre inconvénient que le manque d'eau dans les chaudières puisse produire, c'est
d'y occasionner des ruptures très-préjudiciables,
quand bien même il n'y aurait pas d'explosion.

Des Soupapes de sûreté.

Dans les machines dont les soupapes de sûreté sont
à la disposition de l'Ouvrier chauffeur, il est utile que
cet Ouvrier s'applique à en étudier le jeu et à bien
connaître le degré d'adhérence qu'elles contractent
ordinairement avec le collet sur lequel elles pressent,
sur-tout lorsqu'elles ont été rodées récemment. Il
faudrait avoir égard à cette adhérence, lors même
que la soupape serait construite de telle manière que
le plan de contact serait réduit à une zône circulaire
très-étroite. Le chauffeur doit s'assurer très-fréquem-

ment que les soupapes jouissent de toute la liberté
de mouvement dont elles ont besoin pour remplir leur
destination. A cet effet, il est bon qu'il soulève de
temps en temps l'extrémité de la branche du levier
qui supporte le poids servant de charge habituelle ,
afin de s'assurer que la soupape n'a pas contracté une
trop forte adhérence.

Lorsque les soupapes d'une machine ne jouent pas
librement , et lorsqu'en même-temps on vient à leur
donner le *maximum* de charge habituelle , elles ne
peuvent remplir leur objet qu'imparfaitement ; elles
retiennent la vapeur alors qu'elles devraient lui donner
issue ; la vapeur s'accumule et se comprime , et pourrait , suivant les circonstances , acquérir une force
de tension qui surpasserait la résistance que la chaudière est capable d'opposer , et qui la ferait éclater.

Ce funeste effet pourrait encore être produit , si ,
dans l'intention de donner plus d'activité à la machine, on avait ajouté des poids à ceux qui composent le
maximum de la charge habituelle des soupapes. De
telles surcharges sont extrêmement dangereuses : l'i-
gnorance du danger pourrait seule excuser les Propriétaires de les ordonner , et l'Ouvrier chauffeur de s'y
prêter. Il faut que les Ouvriers sachent bien que l'un
des principaux effets d'une explosion serait d'épan-
cher une immense quantité de vapeur brûlante qui
leur causerait une mort cruelle.

De tels dangers seront beaucoup moins à craindre
dans les machines qui seront établies en vertu de

l'ordonnance royale du 29 octobre 1823 ; mais les soupapes n'en devront pas moins être surveillées et entretenues dans un état de liberté parfaite. En effet, pour peu que leur jeu devînt moins facile, il arriverait qu'à la moindre augmentation dans l'activité du feu, la vapeur, au lieu de s'échapper, acquerrait plus de chaleur et de tension, et il y aurait un terme où elle fondrait et romprait les rondelles de métal fusible qui devront être appliquées à chaque chaudière ; le travail de l'atelier serait interrompu, et le Propriétaire encourrait les inconvéniens des retards résultant de la pose de nouvelles rondelles. Le Propriétaire est particulièrement intéressé à visiter journellement la soupape qui sera renfermée sous le grillage en fer dont la clef devra rester à sa disposition.

En général les soupapes ont besoin d'être rodées très-fréquemment ; autrement elles finissent par laisser perdre de la vapeur. Ce soin d'entretien n'admet pas de négligence, car l'Ouvrier ne pourrait y suppléer qu'en augmentant la charge habituelle : or, les Propriétaires ne sauraient proscrire les surcharges avec trop de rigueur.

Lorsqu'on veut cesser tout-à-fait le feu, ou lorsqu'on le couvre seulement pour en retrouver le lendemain, il ne faut pas quitter l'atelier sans s'être assuré que les soupapes, convenablement déchargées, peuvent donner librement issue à la vapeur qui continue de se produire.

Du Manomètre.

Le manomètre, à raison de sa communication avec l'intérieur de la chaudière, indique, à chaque instant, la marche plus ou moins rapide de la production de la vapeur, et le degré de la force de pression qui en résulte. Cette indication est donnée par le mouvement de la colonne de mercure renfermée dans le tube de verre ; elle se mesure au moyen de l'échelle qui est placée le long du tube.

Cet instrument est d'une grande utilité, lorsqu'il a été construit avec soin et gradué avec exactitude. Comme il est fragile, les Propriétaires de machines doivent prendre les mesures nécessaires pour le préserver de tout accident, et le faire couvrir d'un grillage en fil de fer ou en fil de laiton.

Le Propriétaire doit aussi donner ses soins pour que l'Ouvrier comprenne la destination et les avantages de l'instrument, et sache à propos tirer parti de ses indications.

Enfin, il est du devoir de l'Ouvrier de consulter très-fréquemment le manomètre, et de le prendre constamment pour guide dans la conduite du feu, quelle que soit d'ailleurs la charge, ou, en d'autres termes, la pression avec laquelle la machine travaille, suivant les besoins de l'atelier.

De l'Enceinte de la Machine.

En supposant qu'une explosion pût arriver, c'est

un moyen de la rendre moins dommageable que de
tenir le local de la machine complétement isolé, et
de ne placer les matériaux qu'on serait forcé d'em-
magasiner dans son voisinage, qu'à la distance de
plusieurs mètres. Le Propriétaire se mettrait en contravention avec l'article 6 de l'ordonnance royale du
29 octobre 1823, s'il venait à remplir avec des matériaux résistans l'espace qu'il faut laisser du côté des
habitations, entre les murs mitoyens et le mur de
défense qui doit enceindre le local de la machine.
Ce mur de défense ne peut remplir l'objet que l'ordonnance royale a eu en vue, qu'autant qu'il confine au
dehors avec un espace vide.

Enfin, il est indispensable que le local de la machine puisse être bien fermé, et, qu'en l'absence du
chauffeur, personne ne puisse s'y introduire. On
conçoit, par exemple, que si, par malveillance, on
venait à surcharger les soupapes ou à les bander avec
des cales, lorsque le feu a été arrêté ou couvert,
l'accumulation de la vapeur pourrait occasionner un
accident. Les précautions habituelles que ce cas particulier peut exiger sont tout aussi importantes que
celles qui concernent les différens cas qui ont été
précédemment exposés. La prévoyance des Propriétaires des machines, et la vigilance des Ouvriers
chauffeurs ne doivent être en défaut dans aucun
temps, dans aucune circonstance.

§ 3.

*Seconde Instruction pour l'exécution de l'Or-
donnance royale du 29 octobre 1823.*

L'ordonnance royale du 29 octobre 1823 a
statué qu'à l'avenir aucune chaudière de machine
à vapeur, à haute pression, ne pourrait être mise
dans le commerce (et à plus forte raison employée),
qu'autant qu'elle serait munie de deux soupapes et
de deux rondelles de métal fusible, et qu'après avoir
été éprouvée à l'aide d'une presse hydraulique et
timbrée après l'épreuve.

Le fabricant de chaudières et de machines à
haute pression qui aura des chaudières à faire vérifier, éprouver et timbrer, adressera une demande
au Préfet, qui la transmettra immédiatement à
l'ingénieur des mines, s'il réside dans le département, et dans le cas contraire, à l'ingénieur des
ponts et chaussées qui doit le suppléer. (*Art. 7 de
l'ordonnance.*)

Le Préfet veillera à ce que les opérations se
fassent dans le plus court délai possible, afin qu'il
n'en puisse résulter aucun inconvénient pour les
besoins du commerce et de l'industrie.

L'ingénieur vérifiera d'abord si les dimensions
des deux soupapes sont telles, que le jeu de l'une
d'elles puissent suffire au dégagement de la vapeur,
dans le cas où la vapeur acquerrait une trop grande
tension.

Il vérifiera de même si les orifices dans lesquels les deux rondelles de métal fusible devront être encastrées, ont les diamètres convenables ; savoir :

Pour la première, un diamètre au moins égal à celui de l'une des deux soupapes ;

Pour la seconde, un diamètre double.

Il reconnaîtra en même-temps si la position de ces orifices est telle, que les rondelles puissent remplir leur destination.

L'épreuve de la chaudière n'aura lieu qu'après l'ajustement des deux rondelles. Cet ajustement sera précédé des opérations suivantes :

L'ingénieur déterminera, d'après la table ci-jointe, le degré de fusibilité du métal dont chaque rondelle devra être faite. Il vérifiera ensuite si le métal dont on se propose de fabriquer chaque rondelle est doué de la fusibilité requise. Cette vérification pourra avoir lieu de deux manières :

1° Si le métal a été préparé par le fabricant de chaudières ou de machines, l'ingénieur procédera à l'essai des deux espèces de lingots qui devront fournir la matière des rondelles, en employant le mécanisme dont le fabricant fait lui-même usage, mais après en avoir vérifié l'exactitude ;

2° Si le fabricant de chaudières ou de machines veut employer du métal fusible acheté dans le commerce, l'ingénieur n'aura qu'à constater si les deux lingots portent le timbre légal annonçant le degré de leur fusibilité, c'est-à-dire, si chacun d'eux est marqué du timbre qui a dû y être apposé par l'ingénieur des mines commis pourfaire ces sortes d'essais dans la manufacture même du métal fusible ; ce timbre sera le même que celui dont il est parlé dans le paragraphe ci-dessous.

L'ingénieur, ayant acquis la certitude que les lingots sont composés , l'un de métal fondant à dix degrés centigrades au-dessus de la température que la vapeur aura habituellement dans la chaudière, et l'autre de métal fondant à vingt degrés centigrades au-dessus de là même température, fera couler en sa présence les deux rondelles , et il apposera à chacune d'elles un timbre octogone portant la légende : *Ponts et chaussées et mines*, au milieu de l'empreinte duquel il fera immédiatement graver, sous ses yeux, le degré de fusibilité des rondelles.

Les rondelles seront ensuite ajustées à la chaudière.

Dans le cas où le fabricant de machines se serait procuré des rondelles toutes faites, et qui auraient déjà été essayées et timbrées dans le lieu de leur fabrication , l'ingénieur n'aura d'autre soin à prendre que de vérifier les timbres indiquant les températures avant que les rondelles soient ajustées à la chaudière (1).

-----

(1) Les fabricants trouveront du métal fusible pour toutes les températures requises , préparé d'après les indications de M. Gay-Lussac, membre de l'académie royale des sciences, chez M. Collardeau , rue de la Cerisaie , n° 3 , à Paris.

En général, dans la vérification du degré de fusibilité du métal fusible, il faudra que l'ingénieur fasse attention qu'il ne s'agit pas de constater le degré où le métal devient parfaitement fluide, mais celui auquel le métal se ramollit assez pour céder à la pression de la vapeur. Cette distinction est importante, car les plaques de métal fusible sont susceptibles de perdre leur tenacité un peu avant d'arriver à la température qui détermine leur fusion parfaite. Le timbre doit, par conséquent, exprimer non pas le degré de fusion parfaite, mais celui qui ramollit le métal d'une quantité suffisante pour rendre la plaque susceptible de s'ouvrir par la pression qu'elle éprouve sous cette température.

La chaudière, étant munie de ses tubes bouilleurs, de ses rondelles et de ses soupapes convenablement surchargées de poids, sera remplie d'eau, et on l'éprouvera à l'aide d'une presse hydraulique ou pompe de pression qui sera fournie par le fabricant, avec la main-d'œuvre nécessaire à son emploi.

La pression exercée devra être cinq fois plus forte que celle que la chaudière est destinée à supporter dans l'exercice habituel de la machine dont elle fera partie; c'est-à-dire, par exemple, que si la chaudière est destinée à travailler à deux atmosphères, la pression d'épreuve sera portée à dix atmosphères.

Lorsque la chaudière aura résisté à cette épreuve, l'ingénieur y fera apposer, en sa présence, le timbre qui indiquera la pression à laquelle la machine devra habituellement travailler, exprimée en atmosphères.

Ce timbre consistera, 1° en une plaque de cuivre circulaire frappée à la monnaie de Paris, portant en légende, *ordonnance du* 29 *octobre* 1823, et sur laquelle le nombre d'atmosphères et de demi-atmosphères sera marqué; 2° en trois vis de même métal, destinées à assujétir la plaque sur le corps de la chaudière au moyen de trous taraudés. Lorsque les vis auront été complètement enfoncées, l'ingénieur fera raser la tête de chaque vis à fleur de la plaque, de manière à faire disparaître la fente de cette tête. Il formera ensuite une empreinte sur la tête de chaque vis à l'aide d'un poinçon à fleurs de lys, ayant un diamètre plus grand que celui de cette tête.

La plaque et les vis en cuivre seront fournis par le fabricant (1).

Au moyen des dispositions qui précèdent, toutes les chaudières des machines à haute pression seront essayées au lieu même de leur fabrication, ce qui

---

(1) Les fabricants pourront s'en procurer de toute espèce, et au prix de la main-d'œuvre, à la Monnaie royale des médailles, rue Guénégaud, n° 8, à Paris.

concentrera les épreuves dans un petit nombre de départements.

S'il n'existe point de fabrique de chaudières dans le département, les opérations de l'ingénieur, à l'égard des chaudières qu'on y introduira pour le service, soit de machines à haute pression déjà permissionnées, soit de machines nouvelles et à permissionner, consisteront à vérifier les deux espèces de timbres que ces chaudières devront porter. Ces vérifications se feront aisément au moyen de *clichés*.

Un exemplaire de ces clichés est déposé aux archives de la préfecture, un autre au bureau de l'ingénieur des mines, ou, à son défaut, au bureau de l'ingénieur des ponts et chaussées (1).

CHAPITRE IV.

Des Etablissements d'éclairage par le gaz hydrogène.

§ 1er.

Ordonnance royale du 20 août 1824.

Louis, etc.

Sur le rapport de notre Ministre Secrétaire d'État, au département de l'intérieur,

Vu notre ordonnance du 10 septembre 1823,

(1) Voir à la fin le *Tableau à forces élastiques de la vapeur d'eau.*

3 *

délibérée en notre Conseil d'état , sur le rapport du Comité du contentieux , portant qu'il n'existe pas de classification légale pour les entreprises d'éclairage, par le gaz hydrogène,

Vu le décret du 15 octobre 1810, et notre ordonnance du 14 janvier 1815.

Notre Conseil d'état entendu,

Nous avons ordonné et ordonnons ce qui suit :

ART. 1er. Tous les établissements d'éclairage par le gaz hydrogène, tant les usines où le gaz est fabriqué, que les dépôts où il est conservé, sont rangés dans la seconde classe des établissements incommodes, insalubres ou dangereux ; et néanmoins ils ne pourront être autorisés qu'en se conformant aux mesures de précaution portées dans l'instruction annexée à la présente ordonnance, sans préjudice de celles qui pourront être ultérieurement ordonnées, si l'utilité en est constatée par l'expérience.

2. Les usines d'éclairage par le gaz hydrogène seront constamment soumises à la surveillance de la police locale.

3. Notre Ministre Secrétaire d'état au département de l'intérieur, est chargé de l'exécution de la présente ordonnance, qui sera insérée au Bulletin des lois.

§ 2.

Instruction relative à l'exécution de l'ordonnance royale du 20 août 1824.

ARTICLE 1er.

Conditions à imposer pour tout ce qui a rapport à la première production du gaz.

1° Les ateliers de distillation seront séparés des autres ; ils seront couverts en matériaux incombustibles.

2° Les fabricants seront tenus d'élever jusqu'à trente-deux mètres les cheminées de leurs fourneaux ; la disposition de ces fourneaux sera aussi fumivore que possible.

3° Il sera établi au-dessus de chaque systême de fourneau un tuyau d'appel horizontal, communiquant, d'une part, à la grande cheminée de l'usine, et d'autre part, venant s'ouvrir au-dessus de chaque cornue, au moyen d'une hotte de forme et de grandeur convenables, de telle sorte que la fumée, sortant de la cornue lorsqu'on l'ouvre, puisse se rendre par la hotte, et le tuyau d'appel horizontal dans la grande cheminée de l'usine.

4° Les cornues seront inclinées en arrière, de manière que le goudron liquide ne puisse se répandre sur le devant, au moment du défournement.

5° Le coke embrâsé sera reçu, au sortir des cornues, dans des étouffoirs placés le plus près possible des fourneaux.

Article 2.

Conditions à imposer pour que la condensation des produits volatils, et l'opération du gaz ne nuisent pas aux voisins.

1° Il sera pratiqué, soit dans les murs latéraux, soit dans la toîture des ateliers de condensation et d'épuration, des ouvertures suffisantes pour y entretenir une ventilation contenue, et qui soit indépendante de la volonté des ouvriers qui y sont employés. Dans la visite des appareils, on ne devra faire usage que de lampes de sûreté.

2° Les produits de la condensation et de l'épuration seront immédiatement transportés à la voierie, dans des tonneaux bien fermés; ou mieux encore, ils seront vidés, soit dans les cendriers des fourneaux, soit sur le charbon de terre qui se brûle dans les foyers.

Article 3.

Conditions à imposer pour éviter tout danger dans le service du gazomètre.

1° Les cuves dans lesquelles plongent les gazo-mètres, seront toujours pratiquées dans le sol, et construites en maçonnerie. Il sera placé à chaque citerne un tuyau de trop-plein, afin d'empêcher que dans aucun cas l'eau ne s'élève au-dessus du niveau convenable.

2° Chaque gazomètre sera muni d'un guide ou

axe vertical; il sera suspendu au moyen de deux chaînes en fer, dont chacune aura été reconnue capable de supporter un poids au moins égal à celui du gazomètre.

5° Il sera adapté à chaque gazomètre un tube de trop-plein, destiné à l'écoulement du gaz qui pourrait y être conduit par excès.

4° Les bâtiments dans lesquels seront établis les gazomètres, seront entièrement isolés, soit des autres parties de l'établissement, soit des habitations voisines. Il y sera pratiqué des ouvertures en tout sens, et en assez grand nombre pour y entretenir une ventilation continue. Ils seront toujours surmontés d'un paratonnerre, et l'on ne devra y faire usage que de lampes de sûreté. Ces bâtiments seront en outre fermés à clef, et la garde de cette clef ne pourra être confiée qu'à un contre-maître habile, et d'une fidélité éprouvée, et dans le cas seulement où le chef de l'établissement serait dans l'obligation de s'en dessaisir momentanément.

ARTICLE 4.

Conditions à imposer aux Fabricants qui compriment le gaz dans des vases portatifs.

1° Ces vases ne pourront être que de cuivre rouge, de tôle ou de tout autre métal très-ductile, qui se déchire plutôt qu'il ne se brise sous une pression trop forte.

2° Ils seront essayés à une pression double de celle qu'ils doivent supporter dans le travail journalier.

CHAPITRE V.

Des Bateaux à vapeur.

Ordonnance du 2 avril 1822.

Louis, etc.

Sur le rapport de notre Ministre Secrétaire d'état, au département de l'intérieur,

Vu la loi du 29 floréal an 10 (19 mai 1805);

Vu les arrêtés du Préfet du département de la Gironde, des 15 novembre 1821, et 27 mars 1822, pour la police des bateaux à vapeur, établis sur la Garonne ;

Vu les observations et avis de notre Ministre de la marine, du 27 août 1822, sur lesdits arrêtés ;

Vu l'avis du Conseil général des ponts et chaussées du 10 octobre suivant :

Considérant que les lois et réglements existants, appliqués aux bateaux à vapeur, ne garantissent pas d'une manière suffisante la sûreté de l'équipage et des passagers, et qu'ainsi il y a nécessité de recourir à des dispositions spéciales;

Considérant qu'il importe d'établir, pour la police de ce genre de navigation, déjà introduit sur plusieurs fleuves, des mesures générales et uniformes, en laissant à l'autorité locale le soin de faire des réglemens particuliers qui en dérivent;

Notre Conseil d'état entendu ,

Nous avons ordonné et ordonnons ce qui suit :

Art: 1er. Dans les départemens où il existe des' fleuves, rivières ou côtes, sur lesquels seront ou pourront être établis des bateaux à vapeur, le Préfet formera une ou plusieurs commissions , composées de personnes expérimentées et présidées, soit par un ingénieur en chef des ponts et chaussées et des mines, soit, à son défaut, par un ingénieur ordinaire.

Cette commission sera chargée, sous la direction du Préfet, de s'assurer que les bateaux à vapeur sont construits avec solidité, particulièrement en ce qui concerne l'appareil moteur ; que cet appareil est soigneusement entretenu dans toutes ses parties, et ne présente aucune probabilité d'effraction, ni aucune détérioration dangereuse.

2. Aucun bateau à vapeur ne pourra entrer en navigation qu'après que la commission aura constaté la solidité de construction et le bon état de la machine , et que le Préfet aura notifié aux propriétaires qu'il a reçu et approuvé le procès-verbal de la commission.

3. La commission fera, chaque trimestre, une visite des bateaux à vapeur, et en adressera au Préfet le procès-verbal, où seront consignées ses propositions sur les mesures à prendre dans le cas

où l'état de l'appareil présenterait des dangers probables.

Indépendamment de cette visite trimestrielle, la commission devra en faire d'autres toutes les fois qu'elle en recevra l'ordre du Préfet.

4. Les bateaux à vapeur sont assujétis pour ce qui concerne le nombre des passagers, les heures du départ, la composition de l'équipage, et l'état des bâtiments aux lois et réglements pour la navigation qui sont en vigueur, soit sur les côtes, soit sur les fleuves et rivières.

En conséquence, quand les bateaux seront dans le cas de naviguer dans la circonscription des arrondissements maritimes, les capitaines devront être munis d'un permis de navigation ou d'un rôle d'équipage, et lorsqu'ils navigueront seulement dans l'intérieur, ils seront assujétis à la surveillance des officiers de port, ainsi qu'aux réglements particuliers du Préfet, pour tout ce qui se rapporte à la police des départs, et à la sûreté des embarcations.

5. Notre Ministre Secrétaire d'état au département de l'intérieur, est chargé de l'exécution de la présente ordonnance.

CHAPITRE VI.

Des Réglements publiés dans le département de la Seine-Inférieure, concernant l'établissement et l'emploi des Machines à feu.

Section Iere.

Des Bateaux à vapeur.

§ 1er.

Arrêté du 28 août 1823.

Nous, Maîte des Requêtes au Conseil d'état, Officier de l'Ordre royal de la Légion d'honneur, Préfet du département de la Seine-Inférieure,

Vu l'ordonnance royale du 2 avril 1823, qui prescrit des mesures de précaution pour la navigation des bateaux à vapeur, afin de garantir, d'une manière suffisante, la sûreté de l'équipage et des passagers ;

Considérant que les communications sont établies entre les côtes de France et d'Angleterre, au moyen d'un paquebot à vapeur qui fait périodiquement le trajet de Dieppe à Brigthon, et que le transport des marchandises et des voyageurs, entre les ports de Rouen et du Havre, doit avoir lieu prochainement, au moyen de bateaux à vapeur qui sont sur le point d'entrer en navigation;

Considérant qu'il est nécessaire d'assurer la prompte exécution des dispositions de cette ordonnance, en établissant, dans chacun des trois ports de Dieppe, le Havre et Rouen, une commission spécialement chargée de l'inspection habituelle desdits bâtiments de transports, afin de s'assurer qu'ils sont construits avec toute la solidité et les précautions désirables, principalement en ce qui concerne l'appareil moteur, et que cet appareil est soigneusement entretenu dans toutes ses parties, sans présenter aucune probabilité d'effraction, ni aucune détérioration dangereuse;

Considérant qu'il importe d'appeler à la composition de ces commissions les personnes qui réunissent les connaissances physiques, mécaniques, nautiques et commerciales, propres à remplir, de la manière la plus utile à l'intérêt public, le but d'une semblable institution,

Avons arrêté, et arrêtons ce qui suit :

Art. 1ᵉʳ. Il est institué trois commissions, l'une à Dieppe, l'autre au Havre, et la troisième à Rouen, qui seront chargées des soins déterminés par l'article 1ᵉʳ de l'ordonnance royale du 2 avril 1822, relativement aux bâtiments à vapeur qui stationnent dans les ports.

2. Sont nommés membres de la commission instituée à Dieppe, MM.,

Panichot (1), ingénieur des ponts et chaussées, et des travaux maritimes.

____

(1) Il est remplacé par M. Frissard, ingénieur ordinaire des ponts et chaussées et des travaux maritimes.

Auvray, lieutenant de port.

Lenourri de Montmirel, chevalier de Saint-Louis, ancien lieutenant de vaisseau.

Lancel, ancien capitaine au long cours.

Colin Olivier père, constructeur de navires.

Sont nommés membres de la commission instituée au Havre, MM.,

Haudry (1), ingénieur en chef des travaux maritimes.

Chevalier, ingénieur ordinaire.

Flesselle, lieutenant de vaisseau, directeur du port du Havre.

Bellenger, capitaine de port.

Lahoussaye, négociant.

Sont nommés membres de la commission instituée à Rouen, MM.,

Letellier, ingénieur en chef des ponts et chaussées.

Au reste, la commission instituée à Dieppe n'a maintenant à s'occuper d'aucun des soins déterminés par l'arrêté du 28 août 1823. Une décision ministérielle du 18 novembre 1825, a fait connaître que les dispositions de l'ordonnance royale du 2 avril 1823, ne sont point applicables aux bâtiments à vapeur qui naviguent inclusivement d'un port étranger à un port français.

(2) M. *Haudry* étant décédé, et M. *Chevalier* ayant été chargé du service des travaux maritimes, à titre d'ingénieur en chef, la commission s'est trouvée incomplette. En conséquence, par décision du 17 novembre 1825, M. *Berthelot*, lieutenant de port au Havre, a été appelé à la compléter.

Drapier, ingénieur ordinaire.

Chaunay-Duclos, ancien capitaine de vaisseau, capitaine du port.

Letellier, inspecteur de l'académie.

Fremery, membre de la chambre de commerce.

3. Tous particuliers qui se proposeraient d'établir sur la Seine ou sur un point quelconque des côtes de ce département, des bâtiments à vapeur, seront tenus de nous en prévenir, afin que, sur notre réquisition, l'une des trois commissions instituées en vertu de l'article précédent, ou toute autre qui le serait par la suite, puisse procéder à la visite desdits bâtiments; et ils ne pourront, sous les peines au cas appartenant, entrer en navigation avant que le procès-verbal de cette visite ait été souscrit de notre approbation.

4. Les bâtiments à vapeur admis à naviguer seront en outre visités périodiquement tous les trois mois, et toutes les fois d'ailleurs que nous aurons reconnu ce soin convenable. Sur le vu du procès-verbal de visite, nous prescrirons les mesures que paraîtrait exiger, d'après les propositions qui nous en seront faites, le soin de pourvoir à la sûreté de l'équipage et des passagers.

5. Les commissions instituées en exécution du présent arrêté, seront appelées à nous exprimer leur opinion sur toutes les questions relatives, soit à la police de la navigation des bâtiments à vapeur, soit à la prospérité de ces établissements considé-

rés comme propres à favoriser le développement des relations commerciales, le tout sans préjudice de l'avis des autorités locales et des chambres de commerce.

6. Le présent arrêté sera inséré au Recueil des Actes administratifs, et adressé à chacun des membres des commissions dont il a l'institution pour objet. Les dispositions qu'il renferme recevront leur exécution sous la surveillance spéciale de M. le maire de la ville de Rouen, et de MM. les sous-préfets des arrondissements du Havre et de Dieppe.

§ 2.

Arrêté du 10 novembre 1825.

Nous, Conseiller d'État, Commandeur de l'Ordre royal de la Légion d'honneur, Préfet du département de la Seine-Inférieure,

Vu l'ordonnance royale du 2 avril 1823, qui prescrit des mesures de précautions pour la navigation des bateaux à vapeur, afin de garantir d'une manière suffisante la sûreté de l'equipage et des passagers ;

Vu notre arrêté du 28 août 1823, portant institution dans les villes de Rouen, le Havre et Dieppe, de commission spécialement chargées de concourir à l'exécution des articles 1, 2 et 5 de ladite ordonnance ;

Informé que plusieurs des bateaux à vapeur qui

naviguent sur la Seine, n'ont point encore été soumis à une visite complète, en ce qui concerne l'appareil moteur et l'entretien des différentes pièces dont se compose cet appareil ;

Voulant prévenir, autant qu'il dépend de nous, les accidents malheureux qui pourraient être la conséquence d'un pareil état de choses,

Avons arrêté et arrêtons ce qui suit :

Art. 1er. D'ici à la fin du présent mois, tous les bateaux à vapeur qui naviguent actuellement sur la Seine, du Havre à Rouen, et de Rouen à Paris, seront soumis à une nouvelle visite qui aura pour objet la reconnaissance et vérification prescrites par les articles 1 et 3 de l'ordonnance royale du 2 avril 1823.

2. Les entrepreneurs, directeurs ou conducteurs desdits bateaux demeurent chargés de provoquer ladite visite, à l'effet de quoi ils dresseront *dans les huit jours de la notification qai leur sera faite du présent par l'autorité locale*, une demande au président de la commission instituée par notre arrêté du 28 août 1823, dans les différents ports où ils ont leur établissement. Cette demande rappellera la date de la dernière visite qui aurait eu lieu, et indiquera d'une manière explicative quels sont le système et la force des machines à feu qui mettent en mouvement les bateaux sus-mentionnés.

L'objet de la demande précitée sera rempli dans les huit jours au plus tard qui en suivront la date , à la diligence de MM. les présidents des commissions.

3. Les visites mentionnées aux articles 1 et 2, seront renouvelées tous les trois mois. En conséquence, les entrepreneurs, directeurs et conducteurs des bateaux à vapeur reproduiront, huit jours au moins avant l'expiration de chaque trimestre, la demande à laquelle ils sont assujétis par l'article précédent.

4. Lorsqu'un nouveau bateau à vapeur sera sur le point d'entrer en navigation, la demande dont il s'agit nous sera directement adressée , et nous nous réservons de la transmettre à celle des commissions instituées par notre arrêté du 28 août 1823, à laquelle appartiendra la visite.

5. Les procès-verbaux des visites qui auront eu lieu en exécution des articles 2 , 3 et 4, nous seront adressés pour être souscrits de notre visa et approbation. Toutefois les commissions pourront, le cas échéant, délivrer des permis provisoires de naviguer.

6. Les autorités municipales et agents de police s'opposeront , par tous les moyens qui sont à leur disposition, conformément au paragraphe 5 de l'article 2 du titre 11 de la loi du 16--24 août 1790 , à l'embarquement d'aucuns passagers, ni d'aucunes marchandises sur les bateaux à vapeur dont les entrepreneurs, directeurs ou conducteurs ne ustifieraient point, dans les délais voulus, de

procès-verbaux dûment approuvés, mentionnés en l'article 5.

Les capitaines, lieutenants et maîtres de ports, sont chargés, sous leur responsabilité personnelle, de donner aux susdites autorités tous avertissements nécessaires ponr l'exécution de la précédente disposition.

7. Les visites ci-dessus mentionnées sont indépendantes de celles qui devront avoir lieu périodiquement, à la diligence des officiers de port, pour l'exécution de l'article 12 du décret du 10 mars 1807, et dont le procès-verbal nous sera également adressé.

8. Le présent arrêté sera inséré au Recueil des actes administratifs.

Section II.

Des Machines à feu à haute ou basse pression, fumivores ou non-fumivores.

Arrêté du 26 novembre 1825.

Nous, Conseiller d'Etat, Commandeur de l'Ordre royal de la Légion d'honneur, Préfet du département de la Seine-Inférieure,

Vu, 1° le décret du 15 octobre 1810, relatif aux manufactures et ateliers qui répandent une odeur incommode ou insalube;

2° L'ordonnance royale du 14 janvier 1815, contenant réglement sur lesdits établissements;

5° L'ordonnance royale du 29 octobre 1823 , portant réglement sur les machines à feu à haute pression ;

4° L'ordonnance royale du 9 février 1825, relative à la classification des établissements dangereux , insalubres ou incommodes ;

Vu l'article 3 du titre 11 de la loi des 16--24 août 1790 , qui attribue aux autorités administratives le soin de prévenir, par les précautions convenables, les accidents et fléaux calamiteux ;

Vu la circulaire de M. le conseiller d'état, directeur général des ponts et chaussées , portant envoi d'une instruction sur les mesures habituelles de précaution à observer dans l'emploi des machines à vapeur à haute pression ;

Vu ladite instruction , en date du 19 mars 1824 ;

Vu une autre circulaire de M. le conseiller d'état, directeur général des ponts et chaussées , portant envoi d'une seconde instruction concernant les épreuves auxquelles doivent être soumises lesdites machines préalablement à leur emploi.

Vu ladite instruction , en date du 7 mai 1825 ;

Vu l'instruction ministérielle du 19 août 1825, ayant pour objet d'interpréter le 3e paragraphe du décret du 15 octobre 1810 ;

Vu deux lettres à nous adressées , sous les dates des 6 avril et 50 août 1822, concernant les mesures de répression qui peuvent être employées

4 *

contre ceux qui formeraient un des établisements compris dans la nomenclature annexée à l'ordonnance royale du 14 janvier 1825, sans en avoir obtenu l'autorisation, ou qui transgresseraient cette autorisation après l'avoir obtenue ;

Considérant que les machines à feu se multiplient dans le département, et qu'il importe que l'administration veille à ce que ces machines n'occasionnent aucune incommodité au voisinage des lieux de leur établissement, ou ne donnent lieu, à défaut de précautions convenables, soit dans leur organisation primitive, soit dans leur emploi habituel, à des accidents qui pourraient compromettre, d'une manière grave, la sûreté publique ;

Avons arrêté et arrêtons les dispositions suivantes :

Titre Ier.

Dispositions préliminaires.

Art. 1er. Toutes demandes tendantes à obtenir l'autorisation d'établir et de mettre en activité une machine à feu, seront adressées au sous-préfet de l'arrondissement.

2. Les pétitionnaires seront tenus de déclarer, d'une manière explicite,

1° Si la machine doit être à basse ou à haute pression, et, dans ce dernier cas, à quel degré habituel de pression elle est destinée à agir. La pression sera évaluée en unités d'atmosphères, ou

en kilogrammes par centimètre quarré de surface
exposé à la force élastique de la vapeur ;

2° Si la machine doit être fumivore ou non-fumivore, et, dans le premier cas, quel système de
construction ils se proposent d'employer pour que
cette condition soit remplie.

3. Il sera en outre joint aux demandes ayant
pour objet d'obtenir l'autorisation d'établir une
machine à feu, soit non-fumivore, soit à haute
pression, un plan géométrique indicatif du lieu de
l'établissement et des habitations circonvoisines,
dans un rayon de vingt mètres de distance.

Titre II.

*Demandes en autorisation d'établir des machi-
nes à feu à basse pression fumivores. Instruction et décision.*

4. Les demandes en autorisation d'établir des
machines à feu à basse pression et *fumivores*, seront communiquées, par le soús-préfet, au maire
de la commune du lieu de l'établissement. Celui-
ci, après avoir recueilli tous les renseignements
propres à fixer son opinion, soit en interrogeant
les voisins, soit en visitant ou faisant visiter les
localités, renverra lesdites demandes au sous-
préfet, avec son avis motivé.

5. Ce fonctionnaire, examen fait des pièces
mentionnées en l'article précédent, et après avoir

pris au besoin toutes informations supplémentaires qu'il jugerait convenables, accordera ou refusera l'autorisation demandée.

6. Les réclamations auxquelles donnerait lieu l'autorisation accordée par le sous-préfet, nous seront directement adressées pour être soumises au conseil de préfecture, conformément au paragraphe 2 du décret du 15 octobre 1810.

7. En cas d'autorisation définitive, tout propriétaire d'une machine à feu fumivore à basse pression, sera tenu, au moment de la mettre en activité, d'en donner avis au maire de la commune, qui fera procéder à la visite de ladite machine, et constatera si elle remplit, d'une manière satisfaisante, les conditions auxquelles elle est soumise.

Une copie du procès-verbal de cette visite sera, dans les trois jours, adressée au sous-préfet de l'arrondissement.

Titre III.

Demandes en autorisation d'établir des machines à feu à basse pression non-fumivores. Instruction et décision.

8. Les demandes en autorisation d'établir des machines à feu à basse pression *non-fumivores*, seront communiquées par le sous-préfet, soit au maire de la commune du lieu de l'établissement, soit au juge de paix du canton, soit à tout autre délégué de son choix, avec invitation de procé-

der, dans le délai de quinze jours, à une enquête *de commodo et incommodo.*

9. Tous les voisins du local où la machine sera placée, et en général tous autres intéressés connus, devront être prévenus individuellement, au moins huit jours à l'avance, du jour et de l'heure où l'information aura lieu.

10. En tête du procès-verbal d'information sera écrite la liste de toutes les personnes appelées ; celles qui se présenteront seront entendues chacune en particulier, et les observations qu'elles auront jugé convenable de produire seront textuellement rapportées, quand bien même elles seraient identiques les unes avec les autres.

11. Cette audition terminée, le délégué du sous-préfet entendra toutes autres personnes dont il croirait d'ailleurs convenable de recueillir et de consigner l'opinion dans son procès-verbal.

12. Toutes les fois qu'une opposition sera fondée sur la proximité de l'établissement projeté, la distance précise devra être indiquée dans le procès-verbal, vérifiée sur les lieux, et rapportée sur le plan dont il est fait mention en l'article 3.

13. Le procès-verbal d'information sera écrit sur papier timbré au coût de 1 fr. 25 c. la feuille, conformément au paragraphe 1er de l'article 12 de la loi du 3 novembre 1798 (13 brumaire an VII).

14. Immédiatement après la clôture de l'infor.

mation, le procès-verbal et toutes les piècescommuniquées au commissaire délégué, seront déposées, pendant huit jours, au secrétariat de la mairie, où les intéressés pourront en prendre connaissance et produire les observations qu'ils auraient à faire valoir.

A l'expiration de ce délai, le maire transmettra le tout au sous-préfet de l'arrondissement, avec son avis particulier.

15. Ce fonctionnaire soumettra immédiatement à notre approbation, l'arrêté qu'il aura pris, et nous statuerons conformément au paragraphe 2 de l'article 7 du décret du 15 octobre 1810, sauf le recours au conseil d'état de toutes parties intéressées.

16. S'il y a des oppositions, elles nous seront adressées, pour être, conformément au paragraphe 3 de l'article 7 du décret du 15 octobre 1810, soumises au conseil de préfecture, qui statuera, sauf le recours au conseil d'état.

17. L'arrêté du conseil de préfecture sera notifié à chacune des deux parties, afin que celle qui aura succombé puisse se pourvoir en temps utile, si elle le juge convenable, contre ledit arrêté.

18. En cas d'autorisation définitive, il sera procédé, sur l'avertissement donné à l'autorité locale par le propriétaire de la machine à feu autorisée, conformément à l'article 7.

Titre IV.

Demandes en autorisation d'établir des machi-
nes à feu à haute pression. Instruction et dé-
cision.

19. Les demandes en autorisation d'établir des
machines à feu à *haute pression* , fumivores ou
non-fumivores, seront instruites conformément
aux dispositions exprimées dans les articles 8 , 9,
10 , 11 , 12 , 13 et 14, et le sons-Préfet nous soumettra les résultats de l'iustruction avec son avis.

20. Lesdites demandes seront ensuite communiquées , soit à l'ingénieur des mines, soit à celui
des ingénieurs des ponts et chaussées désigné pour
le remplacer , avec invitation de visiter le lieu de
l'établissement projeté , de consigner dans un
procès-verbal les reconnaissances qu'il aura faites ,
et de nous proposer , dans un rapport explicatif ,
les conditions à imposer pour remplir l'objet de
l'article 6 de l'ordonnance royale du 29 octobre
1823.

Les pétitionnaires devront être prévenus , au
moins cinq jours à l'avance, de cette visite et de
son objet.

21. Le rapport et le procès-verbal susdit nous
seront immédiatement soumis, et nous statuerons
conformément à l'article 15 ; en cas d'oppositions,
il sera procédé comme il est dit en l'article 16.

22. En cas d'autorisation définitive, il sera interdit à tout propriétaire d'une machine à feu, sous peine de voir révoquer l'autorisation obtenue, de la mettre en activité avant que l'ingénieur chargé de ce soin ait procédé à une nouvelle visite des lieux, qui aura pour objet de reconnaître si les conditions imposées au pétitionnnaire ont été strictement observées.

Il s'attachera surtout à examiner si la chaudière de la machine à feu est pourvue de deux soupapes de sûreté et des rondelles de métal fusibles, disposées comme il est dit en l'article 4 de l'ordonnance royale du 29 octobre 1823, et si elle a été vérifiée et approuvée, en vertu des articles 3 et 5, selon le mode déterminé par l'instruction du 7 mai 1825.

23. Si le procès-verbal constatant la visite prescrite par l'article précédent, ne laisse aucun doute sur l'emploi de toutes les mesures de précaution déterminées par l'ordonnance sus-mentionnée, nous apposerons, à la suite de ce procès-verbal, l'autorisation de mettre la machine en activité, et il en sera immédiatement adressé une expédition authentique au propriétaire de ladite machine.

Titre V.

Dépenses auxquelles donnent lieu les demandes en autorisation d'établir des machines à feu.

24. Le coût du papier timbré employé à la

rédaction du procès-verbal d'information, ainsi qu'il est dit en l'article 13, les frais auxquels donnerait lieu la vérification du plan produit conformément à l'article 3, et autres accessoires, seront à la charge des pétitionnaires, qui en compteront au commissaire chargé de l'information.

25. Les honoraires dûs à l'ingénieur chargé des visites et vérifications prescrites par les articles 20 et 22, ainsi que les dépenses qui auraient été la conséquence nécessaire de ces vérifications, seront établis dans un état certifié par cet ingénieur, et que nous rendrons exécutoire, conformément à l'article 75 du décret du 25 août 1804 (7 fructidor an XII). En conséquence, les pétitionnaires seront tenus d'en acquitter le montant dans le délai de quinze jours, sous peine d'y être contraints comme en matière de contributions publiques.

Titre VI.

Surveillance et police auxquelles sont soumises les machines à feu.

26. Les propriétaires d'établissements industriels où il existe des machines à feu à haute pression, à quelque époque qu'elles aient été autorisées, seront obligés à tenir constamment affichée en placards, dans leurs ateliers, l'instruction du 19 mars 1824, à la suite de laquelle sera placée une

table des forces élastiques de la vapeur d'eau à différentes températures.

Ils veilleront à ce que leurs mécaniciens, ouvriers chauffeurs et autres, s'y conforment très-soigneusement en ce qui les concerne.

27. Les maires et adjoints exécuteront ou feront exécuter, par un ou plusieurs agents désignés par nous, sur leur présentation, des visites fréquentes dans lesdits établissements, pour vérifier si la condition prescrite par l'article précédent, est remplie. Ils requerront l'exhibition des actes administratifs spécifiés dans les articles 21 et 23, en vertu desquels les machines à feu ont été établies, et ils s'assureront qu'il n'a été dérogé à aucune des dispositions exprimées dans lesdits actes. En cas de contraventions, elles seront constatées par procès-verbaux.

28. Les ingénieurs des mines ou des ponts et chaussées feront de semblables visites au moins une fois dans l'année, et en consigneront le résultat dans un procès-verbal explicatif et détaillé. Ils nous proposeront la réforme de toutes les chaudières, quand bien même leur existence serait antérieure à la promulgation de l'ordonnance royale du 29 octobre 1823, qui leur paraîtraient dangereuses en raison de quelques détériorations accidentelles.

29. Les établissements où il existe des machines à feu à basse pression, fumivores ou non-fumivo-

res, seront visités comme il est dit en l'article 27. Les maires et adjoints, ou les agents délégués, s'attacheront principalement, en ce qui concerne les machines dites fumivores, à examiner si les appareils destinés à brûler la fumée, autant qu'il est possible de le faire dans l'état actuel des procédés, fonctionnent habituellement avec le succès qu'on a droit d'en attendre, et d'une manière soutenue. En cas d'insuffisance notoire des appareils ou de négligence dans leur emploi, ou d'infractions quelconques aux actes de permission, il en sera dresé procès-verbal.

30. En cas de contravention aux dispositions d'un acte administratif portant autorisation d'une machine à feu, constatée ainsi qu'il est dit aux article 27, 28 et 29, il sera par nous pris un arrêté portant injonction au délinquant de suspendre le travail de cette machine, jusqu'à ce qu'il se soit pleinement conformé aux conditions qui lui ont été imposées.

La notification de cet acte lui sera faite administrativement par l'autorité locale.

31. S'il n'obtempère point à ladite injonction, sa désobéissance sera constatée par un nouveau procès-verbal, sur le vu duquel nous prescrirons, soit la mise sous scellé, soit l'enlèvement des parties défectueuses de la machine irrégulièrement établie.

Les frais auxquels cette mesure pourrait donner lieu, seront recouvrés ainsi qu'il est dit en l'article 25.

32. Les dispositions résultant de l'article précédent sont indépendantes des peines, dommages et intérêts, qui pourraient être prononcés contre tous délinquants par les Tribunaux compétents (1).

CHAPITRE VII.

Des Moyens dont l'emploi paraît le plus propre à rendre fumivores les Pompes à feu.

Avis du Comité consultatif des Arts et Manufactures.

On a proposé bien des moyens pour rendre les fourneaux fumivores; nous ne ferons ni la description, ni la critique de ces procédés; nous ne parlerons que de ceux qu'emploie M. Darcet, parce qu'un long usage a prouvé qu'ils étaient au moins suffisants.

Pour rendre un fourneau fumivore, il faut faire passer à travers la grille, ou à la surface du combustible, une quantité d'air assez considérable pour

---

(1) L'arrêté que l'on vient de lire, et dont les dispositions sont mises à exécution dans tout le département de la Seine-Inférieure, a été approuvé le 21 Janvier 1826, par le ministre de l'intérieur.

opérer l'entière combustion des molécules de charbon, d'huile et de noir de fumée qui se trouvent mêlées avec les gaz, et entraînées avec eux dans la cheminée.

Le meilleur moyen d'arriver à ce but, est de donner à la grille une dimension assez grande, relativement à celle de la cheminée. Le fourneau doit être construit de telle manière que la section horisontale de la cheminée soit à la section horisontale du foyer, comme *un* est à *cinq*, ou au moins comme *un* est à *six*.

Si le foyer a *six* pieds quarrés de surface, la cheminée doit avoir au moins *un* pied carré d'ouverture.

Avec cette construction, un fourneau est toujours fumivore, surtout lorsqu'on emploie du bon charbon de terre bien sec, et ne contenant que peu de poudre.

Lorsqu'on veut ajouter du charbon dans le fourneau, on doit toujours attiser le feu quelques instants avant; on laisse passer la flamme, et on ajoute le charbon noir et froid sur le devant du foyer, afin que la fumée épaisse qui se produit alors puisse se brûler en passant sur le charbon de terre incandescent, qui couvre le fond de la grille; on évite ainsi, autant que possible, la bouffée de fumée qui sort des fourneaux les plus parfaits lorsqu'on ouvre la porte du foyer, et que'on change par là momentanément les proportions qui doivent exister entre le foyer et la cheminée, pour que le fourneau brûle bien la fumée.

On ne doit mettre que peu de charbon à-la-fois dans le fourneau ; les barreaux de la grille doivent être mobiles, afin de pouvoir être enlevés aisément tous les jours par le chauffeur ; sans cela il ne peut pas, même avec de la bonne volonté, bien nétoyer le foyer, et tenir la grille en bon état de service.

Il est des cas particuliers où l'on peut brûler la fumée du charbon de terre, en la faisant passer avec de l'air neuf, sur un foyer de *coak* ou de bois bien sec ; dans d'autres, on brûle la fumée en la faisant passer avec quantité suffisante d'air neuf, à travers un canal en brique porté à la chaleur rouge ; mais il n'est pas en général praticable d'employer ces moyens.

Il existe à la Monnaie une pompe à feu, à laquelle on a fait l'application d'un procédé tendant à opérer la combustion de la fumée.

On ne sait pas encore si cette tentative réussira complètement ; le fourneau n'a pas été allumé depuis qu'il a été réparé : cette réparation n'a été que partielle, et sera probablement insuffisante sous le rapport de la destruction totale de la fumée.

Table (1) *des Forces élastiques de la vapeur d'eau à différentes températures.*

ELASTICITÉ de la vapeur en prenant la pression de l'atmosphère pour unité.	HAUTEUR de la colonne de mercure qui mesure l'élasticité de la vapeur	TEMPÉRATURE correspondante sur le thermomètre. centigrade.	PRESSION exercée par la vapeur sur un centimètre carré de la soupape.
Atmosphères.	Mètres.	Degrés.	kilogrammes.
1.	0, 76.	100.	1, 033.
1 1/2.	1, 14.	112, 2.	1, 549.
2.	1, 52.	122.	2, 066.
2 1/2.	1, 90.	129.	2, 582.
3.	2, 28.	135.	3, 099.
3 1/2.	2, 66.	140, 7.	3, 615.
4.	3, 04.	145, 2.	4, 132.
4 1/2.	3, 42.	150.	4, 648.
5.	3, 80	154.	5, 165.
5 1/2.	4, 18.	158.	5, 681.
6.	4, 56.	161, 5.	6, 198.
6 1/2.	4, 94.	164, 7.	6, 714.
7.	5, 32.	168.	7, 231.
7 1/2.	5, 70.	170, 7.	7, 747.
8.	6, 08.	173.	8, 264.

(1) Cette Table a été dressée par l'Académie royale des sciences.

www.ingramcontent.com/pod-product-compliance
Lightning Source LLC
LaVergne TN
LVHW010943210726
843510LV00013B/117